CAUSES

DE

L'EXPRESSION SPIRITUELLE & MORDANTE

DE

CERTAINS BOSSUS

MODE D'ACTION DE LA SUSPENSION

PAR LA TÊTE

ÉTUDE SUR LES MOUVEMENTS DU RACHIS

Par le Dr J.-B. REYNIER

Professeur libre à l'École pratique de la Faculté de médecine de Paris
Médecin orthopédiste des Maisons d'éducation du Couvent de l'Assomption
Membre de la Société de Médecine pratique
De la Société d'anthropologie; Membre correspondant
Et Lauréat (Prix d'orthopédie, méd. d'or) de la Société médico-chirurgicale de Liège, etc.

Mémoire lu à la Société de Médecine Pratique, 11 Juillet 1889

PARIS

BUREAU DES PUBLICATIONS DU *Journal de Médecine de Paris*
35, BOULEVARD HAUSSMANN, 35

1889

CAUSES

DE

L'EXPRESSION SPIRITUELLE ET MORDANTE

DE

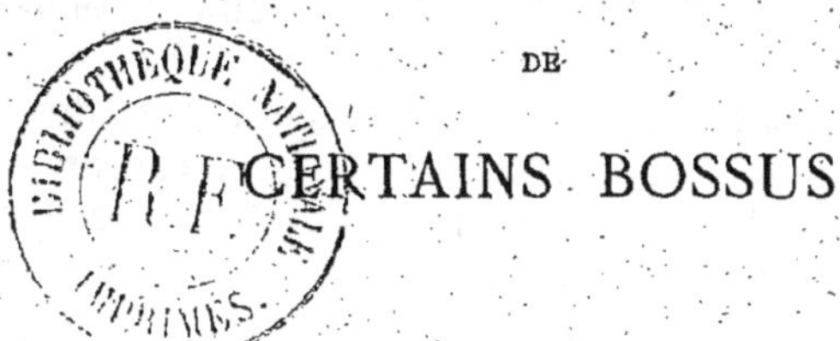

CERTAINS BOSSUS

———

Cette expression vulgaire « qu'un bossu a son esprit dans sa bosse » n'est pas si loin de la vérité qu'on pourrait le croire, et je me propose de démontrer que, si le bossu n'a pas son esprit dans sa bosse, il l'a du moins par sa bosse.

Les causes de l'expression spirituelle et mordante des bossus, qui ont la tête enfoncée entre les épaules et en extension violente, sont au nombre de deux : l'extension exagérée de la tête et du cou ; et l'élévation permanente des épaules. Je démontrerai : 1° le rôle spécial des peauciers du cou et leur influence sur l'énergie de l'expression de la face ; je dirai ensuite quelques mots sur l'influence de l'élévation des épaules sur l'expression ; 2° le rôle des extenseurs de la tête et du cou dans les expressions énergiques ; cela m'amènera à exposer le mode d'action des extensions et de la suspension par l'appareil de Sayre, et surtout les différences importantes qui existent dans certains mouvements et dans certaines attitudes, selon que les courbures du rachis sont exagérées par la lordose ou diminuées par les procédés orthopédiques.

RÔLE SPÉCIAL DES PEAUCIERS DU COU : LEUR INFLUENCE SUR L'ÉNERGIE DE L'EXPRESSION DE LA FACE ; ÉLÉVATION DES ÉPAULES, EXTENSION DE LA TÊTE ET DU COU.

Aucun auteur n'a défini nettement le rôle du peaucier du cou ; voici l'opinion de Duchenne (de Boulogne) qui se rapproche le plus de la vérité : « Il est un muscle qui attire obliquement en bas et en dehors tous les téguments de la partie inférieure de la face et gonfle la moitié antérieure du cou sans tracer le moindre signe physionomique qui décèle une expression quelconque ; ce muscle produit seulement une déformation des traits ; mais, dès l'instant que l'on marie l'action de ce muscle avec celle de tel autre, on fait apparaître sur la figure, et avec une vérité saisissante, l'image des passions les plus violentes, la frayeur, l'épouvante, l'effroi, la torture ; c'est le muscle de la frayeur. Voici l'opinion de Darwin : « M. Wood a vu souvent le peaucier agir dans les vomissements, les nausées, le dégoût ; il l'a vu se contracter aussi chez des enfants et des adultes sous l'influence de la fureur, par exemple chez des femmes irlandaises qui se querellaient et se provoquaient avec des gestes de colère ; le phénomène tenait peut-être, dans ce cas, au ton aigu et criard de leur voix irritée ; je connais, en effet, une dame, excellente musicienne, qui contracte constamment son muscle peaucier dans l'émission de certaines notes élevées. J'ai constaté le même fait chez un jeune homme quand il tire certaines notes de sa flûte ; aucun des faits précédents ne me paraît jeter un jour quelconque sur l'action de la frayeur sur le peaucier... Ce muscle agit quelquefois dans le but peut-être d'ouvrir largement la bouche, lorsque la respiration est rendue difficile par quelque maladie ou encore pendant la profonde inspiration des accès de cris, avant une opération ; or, lorsqu'une personne tressaille à quelque aspect imprévu ou à quelque bruit subit, elle exécute tout d'abord une respiration profonde ; c'est ainsi que la contraction du peaucier a pu s'associer au sentiment de la frayeur ». (Darwin, De l'expression des émotions, p. 327.)

La véritable action des peauciers du cou est d'être tenseurs des téguments de la partie inférieure de la face et de jouer, pour les peauciers de la face situés au-dessous du front, le rôle de régulateurs des mouvements de la face, rôle analogue à celui que Duchenne (de Boulogne) a attribué aux associations musculaires antagonistes dans la coordination des mouvements volontaires des membres. Les peauciers du cou se contractent dans les expressions très énergiques de la face, et, de leur association habituelle aux sentiments intenses ou énergiques, il résulte que leur simple contraction volontaire, ou que la tension que l'on peut artificiellement donner aux téguments de la partie inférieure de la face, réveille l'énergie dans l'expression de la face et dans les centres nerveux ; j'ai présenté les principaux de ces faits en 1881 à l'Académie des sciences (prix de médecine et de chirurgie).

Voici quelques expériences à l'appui des faits que je viens d'avancer :

1° Appliquer sur soi-même la face dorsale de chaque main, un peu en avant de l'angle de la mâchoire, et tirer ainsi par un mouvement de pression et de glissement des mains la peau de la face en arrière et en bas, c'est-à-dire selon la direction des peauciers du cou; immédiatement, l'on a la sensation d'une grande énergie de la face qui se traduit par l'éclat et la force du regard, par une acuité plus grande de l'ouïe et une grande intensité de la plupart des expressions que l'on donne à la figure dans ces conditions.

2° En éloignant le plus possible le menton du sternum, par l'extension violente du cou et de la tête sur le cou, l'on écarte les extrémités, c'est-à-dire les points d'insertion des peauciers du cou, et l'on tend ainsi la peau de la région antérieure du cou et, par celle-ci, les téguments de la partie inférieure de la face ; l'on obtient ainsi un résultat analogue à celui de la contraction des peauciers du cou, mais qui accroît moins l'énergie de l'expression que la tension artificielle de ces téguments par les mains.

3° Si l'on tend avec la main et d'un seul côté la peau de la partie inférieure de la face, la figure prend une expression plus vive de ce côté et l'œil un éclat plus vif que de l'autre côté.

4° Si la tête est inclinée et tournée du même côté ; si, par exemple, elle est inclinée sur l'épaule gauche et que sa rotation ait lieu du côté gauche, le menton se rapprochant de l'épaule gauche, le peaucier du cou du côté droit et les téguments du côté droit de la partie inférieure de la face sont plus tendus et l'expression de la moitié droite de la face est plus énergique ; mais habituellement, sauf chez les personnes très droites et très fières, quand la face tourne fortement à gauche, la tête s'incline sur l'épaule droite et le problème alors est plus compliqué ; les téguments de la partie inférieure du côté droit de la face sont, en définitive, plus tendus par la rotation de la tête à gauche qu'ils ne sont relâchés par son inclinaison à droite ; de plus, le maxillaire, le menton a une tendance à s'abaisser du côté où la tête penche ; c'est là une association naturelle de mouvements, inclinaison de la tête et abaissement du menton du même côté ; de plus, il y a une légère torsion du lobe du nez du côté où la tête penche, ces deux caractères et l'abaissement du sourcil du même côté donnent à la figure l'expression du torticolis.

5° En contractant d'abord les peauciers du cou, les expressions de la face deviennent plus énergiques.

6° En pressant avec les mains sur la partie supérieure du front et en poussant la peau en haut et en arrière, l'on augmente l'énergie de l'expression des yeux.

7° La bouche fermée, si l'on gonfle les joues, la peau de ces parties de la face se trouve tendue, les muscles auriculaires supérieur et postérieur se contractent, l'acuité de l'ouïe est plus grande, l'ouverture palpébrale s'agrandit et l'œil prend immédiatement un éclat et une vigueur de regards plus grands.

8° Les muscles qui portent la tête et le cou en extension se contractent synergiquement avec les peauciers du cou. En effet, l'extension du cou et le renversement de la tête en arrière qui se produit dans l'expression de sentiments très énergiques, tels que la terreur, etc., tendent la peau de la partie inférieure de la face, ce qui s'a-joute à la tension produite par les peauciers du cou qui, dans cette attitude, se trouvent dans de meilleures conditions pour leurs contractions ; la synergie des peauciers du cou et des extenseurs de la tête et de la partie supérieure du rachis est un fait capital qui nous donne la clef d'un nombre considérable de faits physiologiques ou orthopédiques importants.

C'est, d'abord, dans ce fait que nous trouvons l'explication de l'expression vive de la physionomie de certains bossus, dont les épaules sont fortement élevées et dont la tête est dans une extension extrême ; dans cette attitude caractéristique des déformations du rachis de certains rachitiques et de certains maux de Pott, à la suite d'une courbure cyphotique excessive des parties inférieures ou moyennes du rachis, il se produit, par compensation, une extension violente de la tête, du cou et de la partie supérieure de la colonne dorsale et, par suite, une tension des peauciers du cou et de la partie inférieure de la face ; nous avons donc là l'attitude qui correspond aux expressions énergiques de la face ; essayez, messieurs, d'élever vos épaules et de mettre ensuite votre tête en extension extrême, et vous vous rendrez compte que la plupart des expressions que, dans cette attitude, vous donnerez à votre physionomie seront plus intenses et plus énergiques. C'est ainsi que s'explique la vivacité des yeux et de toute la physionomie des bossus qui présentent cette attitude anormale. Retenez donc bien ce fait que l'extension violente et très prononcée de la partie supérieure de la colonne dorsale, du cou et de la tête place la face dans les conditions les plus favorables à l'énergie de la plupart des expressions et que cette extension réveille l'énergie des centres nerveux.

Ces bossus ont le cou enfoncé entre les épaules, autrement dit, les épaules surélevées par rapport au cou ; ils sont, par leur déformation, condamnés à l'attitude que nous appelons haussement d'épaules ; ce mouvement d'expression a été étudié par Darwin : « Ce geste, dit-il, exprime la constatation que nous n'avons pas voulu, que nous n'avons pu éviter, ou bien de notre impuissance à accomplir un acte donné ou à empêcher une autre personne de l'accomplir ; il accompagne des phrases telles que celle-ci : ce n'est pas ma faute, il m'est impossible d'accorder cette faveur — ; le haussement des épaules exprime aussi la patience ou l'absence de toute idée de résistance ; si, en général, le haussement des épaules signifie : je ne puis faire ceci ou cela, avec une légère modification il signifie : je ne veux pas le faire, le mouvement indique une détermination arrêtée de ne point agir ». Telles sont les interprétations que donne Darwin du haussement des épaules ; mais, bien souvent, ce geste a une signification qui a échappé à Darwin ; quand nous voyons quelqu'un vouloir quelque chose au-dessus de ses forces ou de son rang, ne disons-nous pas d'un air moqueur en haussant les épaules : « Ça vous fait pitié; ça vous fait hausser les épaules » ? Vous remarquerez qu'ici nous haussons les épaules pour exprimer non pas notre impuissance, mais l'impuissance d'autrui et, dans ces cas, qui sont certainement aussi fréquents que ceux où nous voulons exprimer notre propre impuissance, la physionomie prend une expression moqueuse, comme chez les bossus dont nous étudions l'expression ; dans la commisération, nous soulevons aussi quelquefois les épaules pour exprimer l'impuissance complète de ceux que nous plaignons, et le haussement des épaules, quand on nous insulte, signifie non pas précisément que nous sommes patients, mais bien plutôt que les injures de notre adversaire sont impuissantes à nous émouvoir, ne nous atteignent pas et que nous nous en moquons, et c'est ainsi que chez certains bossus, la physionomie, par le fait de l'extension du cou et de la tête et de l'élévation permanente et pathologique des épaules, a une expression non seulement vive et énergique, mais encore moqueuse et mordante. Voici une expérience assez amusante : haussez fortement les épaules et portez votre tête énergiquement en extension ; immédiatement vos yeux, votre bouche et toute votre physionomie prendront une expression spirituelle, malicieuse et mordante, tout à fait pareille à celle des bossus ; vous êtes obligé d'admettre l'influence de l'attitude sur l'expression de la face ; car vous ne pouvez pas admettre que vous êtes subitement devenu spirituel, malicieux et mordant, comme un bossu. Gratiolet, Charcot, Richer, etc., ont prouvé que les mouvements et attitudes du corps éveillent des sentiments corrélatifs, et il me paraît démontré que c'est l'attitude de son cou et de sa tête et l'expression de sa face qui développent réellement à la longue la malice et l'esprit chez le bossu, de sorte que cette expression vulgaire qu'un bossu a son esprit dans sa bosse n'est pas loin de la vérité, car il l'a, son esprit, sinon dans sa bosse, du moins par sa bosse.

Dans la plupart des scolioses des adultes (rachitisme des adolescents), et chez tous les rachitiques qui n'ont pas la tête en extension ni le cou enfoncé entre les épaules, on n'observe pas l'expression spirituelle et mordante; ils ont, au contraire, plutôt une expression pleine de laisser-aller et d'insouciance, et cela tient à la flexion légère de la tête qui dépend d'un certain degré de cyphose cervicodorsale, compensatrice de l'ensellure lombaire si fréquente chez les scoliotiques ; et nous savons que la flexion de la tête, en relâchant les téguments de la partie inférieure de la face, diminue l'énergie de l'expression.

Rire comme un bossu est une expression qui vient de ce que, à la fin d'un rire prolongé et violent, *on n'en peut plus*, comme on dit quelquefois, et que, pour traduire cette impuissance, l'on élève instinctivement les épaules, ce qui donne quelque ressemblance avec les bossus qui ont la tête enfoncée entre les épaules.

MODE D'ACTION DE LA SUSPENSION PAR LA TÊTE, ÉTUDE SUR LES MOUVEMENTS DU RACHIS.

La diminution des courbures du rachis par les attitudes et mouvements d'extension, et en particulier par la suspension avec l'appareil de Sayre, donne de l'énergie à l'expression et de l'aisance aux mouvements. Voici d'abord quelques faits qui nous serviront de base pour démontrer l'influence des extensions :

1° « D'après Huschke, l'extension du corps répond aux affections agréables ou expansives, tandis que les mouvements de flexion expriment les affections tristes, déprimantes ou douloureuses ; les mouvements et les attitudes du corps, alors même qu'ils résulteraient de certaines causes fortuites, éveillent des sentiments corrélatifs, et par leur intermédiaire influent sur les mouvements de l'imagination, et sur les tendances de l'âme elle-même. Si de nos attitudes naissent des instincts, on comprendra combien la physiologie elle-même justifie l'importance que chez les honnêtes gens on attache aux bonnes manières. (Gratiolet, De la Physionomie.)

2° « C'est un point mis en lumière par Braid, par MM. Charcot et Richer, etc., que l'attitude et l'expression suggèrent l'idée ou l'émotion correspondante ; si l'activité psychique a une influence sur l'énergie des mouvements volontaires, les mouvements volontaires peuvent avoir aussi une influence par l'activité psychique,... les sensations sont agréables ou pénibles, selon qu'elles augmentent ou diminuent l'énergie potentielle ; la sensation de plaisir se résout dans une sensation de puissance, la sensation de peine dans un sentiment d'impuissance ». (Féré, *Revue philosophique*, octobre 1885.)

A. *Influence des courbures du rachis.* — Tous les mouvements et attitudes (y compris la suspension par la tête), qui diminuent les courbures du rachis, mettent particulièrement en jeu les extenseurs, facilitent le jeu du rachis et des membres et augmentent l'énergie. Sitôt les courbures diminuées par le décubitus dorsal convexe, par l'exercice du bâton, par la reptation préconisée par le professeur Ollier, par la suspension par la tête, par les appareils et mouvements qui, portant fortement les épaules en arrière, sollicitent la contraction des spinaux extenseurs de la colonne dorsale, de la tête et du cou, sitôt, dis-je, les courbures diminuées, les mouvements du corps acquièrent plus d'énergie, plus de vigueur, plus d'aisance et plus de précision, l'effet est immédiat ; par suite de l'extension de la tête et du cou, les téguments de la partie inférieure de la face se trouvent plus tendus, le jeu des peauciers du cou devient plus facile ; or, je viens de vous démontrer, messieurs, que la tension des téguments de la partie inférieure de la face rend les contractions des peauciers de la face plus énergiques ; la suspension par la tête donnant un résultat presque instantané, le phénomène est, dans ce cas, plus frappant.

Presque tous les extenseurs sont énergiques et contribuent à augmenter l'énergie ; font exception les extenseurs de la colonne lombaire qui, en augmentant l'ensellure, provoquent la cyphose cervico-dorsale de compensation et le relâchement des spinaux correspondants, c'est-à-dire les extenseurs de la colonne dorsale, du cou et de la tête. La légère flexion de la tête symptomatique de cette cyphose cervico-dorsale, en diminuant la tension des téguments de la partie inférieure de la face et en relâchant les peauciers du cou, diminue l'énergie des peauciers de la face, par suite l'énergie de la physionomie ; cette légère cyphose, qui n'a guère de disgracieux qu'une légère projection du menton en avant et que j'ai appelée cyphose méditative, accompagne toujours l'ensellure lombaire.

Par la diminution rapide ou instantanée des courbures normales ou pathologiques du rachis, il se produit immédiatement une sensation de bien-être ; avec les courbures exagérées de la cambrure, le corps peine, s'accommode moins bien et rend moins facilement les expressions commandées par les centres nerveux ; il existe entre les centres nerveux et les muscles, par lesquels ils s'expriment, une telle liaison, une telle harmonie et une sorte de réciprocité telle que non seulement l'énergie morale produit l'extension et la diminution des courbures du rachis, mais que réciproquement la diminution des courbures du rachis, même par des procédés indépendants de notre volonté, tels que la suspension par la tête, éveille l'énergie des centres nerveux. Par divers mouvements et diverses attitudes orthopédiques très puissants, et simplement en augmentant ou diminuant les courbures normales ou pathologiques du rachis, j'augmentais ou diminuais en quelques instants l'énergie de l'individu en expérience ; après ces explications, vous comprenez, messieurs, quelle importance nous devrons attacher aux attitudes extensives qui mettent en jeu les extenseurs de la colonne dorsale, de la tête et du cou. — Le maintien très droit prédispose à la fierté et donne une expression de force qui n'existe guère avec les attitudes fléchies : inclinaison de la tête, menton en avant, dos rond, cyphose cervico-dorsale compensatrice de la cambrure lombaire ; retenez donc bien ce fait que l'énergie augmente ou diminue par la diminution ou l'augmentation des courbures de la colonne vertébrale et que, par les attitudes extensives, on développe l'énergie de l'individu.

J'ai eu l'honneur de vous démontrer, dans une précédente communication, où je comparais le rachis à une série de leviers inclinés en sens inverse, que la résistance dans un levier rachidien est représentée par la distance qui sépare l'extrémité inférieure de ce levier de la perpendiculaire, abaissée de son extrémité supérieure ; plus les courbures sont prononcées, plus les bras de levier qui constituent les résistances sont longs et plus ils fatiguent les muscles qui les meuvent ; de plus, dans la cambrure lombaire avec cyphose cervico-dorsale de compensation, un grand nombre de mouvements, particulièrement aux lombes et au cou, se trouvent considérablement gênés et sont suppléés par des mouvements analogues du bassin sur les têtes fémorales ; par suite, le bassin est moins fixe ; or, la fixité du bassin augmente la précision, l'aisance et l'énergie des mouvements du tronc et des membres ; pour ces diverses raisons, que je ne fais que vous rappeler, le mécanisme du corps est moins facile et plus fatigant. Dans les cas de courbures exagérées du rachis et dans l'ensellure lombaire sous une apparence de raideur, de renversement du tronc et d'attitude normale de la tête ; nous trouvons en réalité l'augmentation des courbures vertébrales et une légère flexion de la tête qui produit le relâchement des téguments de la partie inférieure de la face. Vous devinez qu'à la suite de ce défaut de tension de ces téguments les expressions de la figure ont moins d'énergie.

Nous mettons en contraction, de préférence, les extenseurs ou les fléchisseurs, selon que nous voulons nous montrer forts ou faibles ; mais, si l'individu qui est prêt à attaquer fléchit un grand nombre de ses leviers, c'est pour leur donner au moment de l'attaque plus d'élan par une subite extension.

La flexion de la tête sollicite la contraction synergique des fléchisseurs de la tête, de la colonne cervicale, de la colonne dorsale, du bassin du genou et de l'articulation tibio-tarsienne, et la contraction des extenseurs des lombes sur le bassin, comme dans l'ensellure lombaire qui produit la cyphose cervico-dorsale de compensation.

L'extension énergique de la tête produit la contraction synergique des extenseurs de la colonne cervicale, de la colonne dorsale, du bassin, du genou et de l'articulation tibio-tarsienne, et la contraction synergique des fléchisseurs de la colonne lombaire sur le bassin, fléchisseurs qui diminuent l'ensellure lombaire et par compensation la légère cyphose cervico-dorsale.

Ainsi, remarquez, messieurs, que les extenseurs des lombes sont synergiques des fléchisseurs de la colonne dorsale, de la tête et du cou, et que les fléchisseurs des lombes sont synergiques des extenseurs du reste du rachis ; d'ailleurs, cela est facile à comprendre, il est évident que les muscles, qui diminuent une courbure donnée du rachis, ne peuvent pas se trouver du côté de la concavité de cette courbure ; à la jambe, les extenseurs, qui augmentent l'angle que la jambe fait avec le pied se contractent synergiquement avec les autres extenseurs quand il s'agit de diminuer les courbures du rachis ; dans la cambrure, les fléchisseurs des orteils, etc., qui diminuent l'angle que le membre inférieur fait en avant avec le pied, rentrent en jeu. L'angle que le pied fait avec la jambe se trouve ainsi augmenté ; les sourciliers se contractent plus souvent dans la flexion que dans l'extension de la tête.

Quoique cela ait l'air paradoxal, l'extension de la colonne lombaire avec l'inclinaison du bassin, comme cela a lieu dans la cambrure, diminue l'énergie ; et l'inclinaison en avant de la jambe sur le pied est d'autant plus grande ; autrement dit, l'angle que fait en avant la jambe avec le pied est généralement d'autant plus aigu que le corps est plus droit et que les courbures du rachis sont moindres. Cela tient à ce que, dans l'ensellure lombaire, le centre de gravité qui tend à tomber en avant des talons est ramené sur la verticale passant entre les talons par la diminution de cette inclinaison, de cet angle.

Chez les cambrés, les mouvements sont plus brusques, plus vifs et moins précis, mais généralement plus gracieux ; dans l'augmentation des courbures du rachis produite par la cambrure, il y a tendance à la flexion, à l'adduction des mains et des pieds et à l'abduction des cuisses et des bras ; c'est l'inverse dans l'attitude très droite.

Après la diminution des courbures rachidiennes par l'appareil de Sayre, par exemple, la marche devient plus précise et plus assurée, l'on est plus d'aplomb ; l'on éprouve une sensation de force et de délassement, on a plus de force dans l'expression de la figure ; le corps s'accommode mieux aux différentes attitudes debout ou assis et se fatigue moins vite. Ces modifications persistent un temps plus ou moins long, selon l'efficacité des moyens employés pour diminuer les courbures du rachis : peu à peu l'habitude se prend et ces modifications persistent ensuite d'une séance à l'autre, du jour au lendemain ; par le pouvoir de l'habitude, « sous l'empire de l'innervation, l'action musculaire se coordonne, pour ainsi dire, d'elle-même, suivant ce mode particulier, et les muscles contractent une disposition spéciale à agir dans le sens et au degré que l'appareil nerveux locomoteur réclame. » (Bouvier. Attitude. Dict. encyclop. des sciences médicales.)

Bouvier et mon excellent confrère et ami, le Dr Bouland, avaient entrevu ces effets de l'extension ; voici la description qu'ils en donnent : « Chez la plupart des sujets soumis à l'extension, la santé générale s'améliore et se fortifie dès les premiers temps du traitement, l'appétit devient plus vif, les digestions sont plus rapides et plus parfaites, l'embonpoint augmente, les vides de la maigreur se remplissent, les muscles acquièrent plus de force, la peau et les membranes muqueuses se colorent ; *l'individu éprouve un sentiment de bien-être et comme un surcroît de vigueur*, on ne saurait dire à la vérité la part qui revient à l'extension. » (Rachis, Dict. encyclop. des sciences médicales.)

Après l'exécution de mouvements ou d'attitudes qui diminuent les courbures du rachis, le jeu des membres inférieurs est plus facile et plus assuré, parce que l'inclinaison du bassin diminue comme les courbures vertébrales, et que cette inclinaison nuit, par des raisons toutes mécaniques, aux mouvements des membres inférieurs, ainsi que j'ai eu l'honneur de vous le démontrer dans une précédente séance (4 octobre 1888).

Dans la cambrure qui augmente les courbures du rachis, celui-ci, par l'inclinaison de ses segments, leur donne une fixité que j'appellerai passive, et qui au point de vue mécanique est moins avantageuse que la fixité active ou musculaire obtenue par la contraction des spinaux ; de plus, les attitudes ligamentaires ou passives ne variant pas, la fixité ligamentaire, retenez bien ce fait, ne se prête pas aux nuances d'adaptation ou d'accommodation du corps que l'on peut obtenir par la fixité active ou musculaire.

Les gens qui ont les courbures normales exagérées peinent davantage, parce que leur appareil locomoteur se trouve dans de mauvaises conditions mécaniques ; l'ensellure lombaire et l'inclinaison du bassin, que l'on trouve dans les races latines et dans certaines races nègres (Hottentots, etc.), sont produites par des causes diverses ; ce qui occasionne la contraction des sourciliers, la contraction synergique des fléchisseurs de la tête et du cou et, par compensation, l'ensellure lombaire et l'inclinaison du bassin, c'est, chez les nègres, l'éclat du soleil et chez les races latines l'habitude de la réflexion et de l'étude: l'inclinaison du bassin et la cambrure lombaire sont donc, au point de vue mécanique, des caractères d'infériorité ; chose singulière, remarquez que dans les races latines, c'est la supériorité intellectuelle et l'habitude de la réflexion qui paraissent produire cette infériorité mécanique ; il faut accuser aussi l'insouciance et le laisser aller qui, chez les races latines, tendent à augmenter leurs courbures rachidiennes, tandis que les races solennelles et strictes sont très droites.

B. Adaptation ou accommodation du corps selon le degré des courbures vertébrales. — Le bassin et les épaules sont, pour ainsi dire, les régulateurs de l'adaptation du tronc aux diverses attitudes ; les épaules agissent comme le bassin, c'est-à-dire en se redressant et en diminuant l'inclinaison qu'elles présentent dans les cas de courbures un peu exagérées du rachis.

Pendant le jeu des membres supérieurs, la colonne dorsale doit être fixée par ses muscles spinaux, proportionnellement à l'effort développé par les membres supérieurs ; le jeu des membres supérieur est d'autant plus facile et plus précis que les épaules sont portées plus en arrière, c'est-à-dire plus redressées, attitude des épaules qui sollicite la contraction synergique des spinaux extenseurs de la colonne dorsale; tandis que, chez les cambrés qui ont les épaules portées un peu en avant et inclinées de haut en bas et d'avant en arrière, le centre de fixation pour les mouvements de la main et de l'avant-bras est plutôt l'épaule elle-même que la colonne dorsale; c'est pourquoi, dans ce cas, les épaules ne sont pas portées en arrière et sont fixées par une contraction énergique des pectoraux, rhomboïde, trapèze, grand dorsal ; c'est là la raison pour laquelle les cambrés, obligés de suppléer par la fixation énergique de l'épaule à l'insuffisance de fixation de la colonne dorsale, sont très vigoureux des membres supérieurs et serrent fortement les objets qu'ils tiennent aux mains, parce que, consécutivement à la fixation énergique de l'épaule et, pour ainsi dire, par synergie, les muscles de l'avant-bras et de la main se contractent énergiquement même pour de petits efforts. Aussi, quand ils écrivent, les cambrés ont-ils la main plus vite fatiguée ; de plus, à cause de la variation des attitudes chez eux, leur écriture est un peu variable ; et ce fait mérite d'être signalé aux médecins légistes ; je l'ai constaté chez tous ceux qui ont une ensellure bien prononcée.

Comme vous le voyez, messieurs, le problème de l'influence des courbures du rachis sur le jeu de l'appareil locomoteur est moins simple qu'on ne pourrait croire, au premier abord.

Dans l'attitude debout, le bassin et les lombes s'inclinant en sens inverse, pendant que le bassin se redresse, la colonne lombaire se fléchit proportionnellement ; autrement dit, la base du sacrum se porte en arrière, pendant que l'extrémité supérieure de la colonne lombaire se porte en avant. Quelles sont les conséquences du mouvement en sens inverse qu'exécutent le bassin et la colonne lombaire ? C'est : 1º de rapprocher de la verticalité le sacrum normalement incliné en avant et la colonne lombaire normalement inclinée en arrière ; 2º en diminuant la cambrure ou inclinaison lombaire, de provoquer par compensation l'extension, ou redressement de la colonne dorsale ; de plus, la contraction des spinaux, qui meuvent la colonne dorsale, réveille la contraction synergique des muscles qui portent les épaules en arrière ; la colonne dorsale se trouve ainsi dans de meilleures conditions de fixité et, par là, devient également plus assuré et plus facile le jeu des membres supérieurs ; 3º de provoquer, de plus, l'extension de la tête et du cou ; plus les mouvements de redressement du bassin et d'inclinaison des lombes en avant sont accentués, plus les extenseurs du dos, du cou et de la tête se contractent énergiquement, et plus la physionomie devient énergique ; de plus, le sujet a alors une tendance à porter en arrière la tête et l'extrémité supérieure du dos, tandis que, dans l'ensellure lombaire l'extrémité supérieure de la colonne lombaire étant trop inclinée en arrière, la face regarderait en haut s'il n'y avait pas une tendance continuelle à la ramener dans la direction normale par une légère flexion de la tête, du cou et de la partie supérieure de la colonne dorsale. Ainsi, dans un cas : flexion des lombes et redressement du bassin, tendance continuelle à l'extension du cou et de la tête ; dans l'autre cas : extension des lombes et flexion du bassin, tendance continuelle à la flexion du cou, de la tête et de la partie supérieure du dos ; dans le premier cas l'énergie est sans cesse et facilement sollicitée par l'extension de la tête et du cou ; dans le second, l'énergie est sans cesse contrariée par la flexion de la tête et du cou.

Dans la station assise, ce mécanisme du rachis est le même que dans la station debout ; le plan de l'anneau du bassin n'est plus incliné sur le plan de l'horizon, c'est-à-dire que la base du sacrum se porte plus en arrière et, par suite, l'extrémité supérieure de la colonne lombaire plus en avant que dans la station debout ; le résultat de ces deux mouvements en sens inverse, c'est l'effacement de la concavité postérieure de la colonne lombaire qui se change en conve-

xité ; par cette inclinaison de la colonne lombaire en avant, le reste
du rachis serait beaucoup trop incliné et porté en avant si la colonne dorsale ne se redressait et ne portait son extrémité supérieure
d'autant plus en arrière que la colonne lombaire porte son extrémité supérieure plus en avant ; c'est par les divers degrés de redressement instinctif du bassin que sont réglées les nuances de
flexion ou d'extension nécessaires aux divers segments du rachis
pour s'adapter aux nombreuses attitudes du corps chez les élèves
pendant la lecture et l'écriture, chez les couturières, horlogers, cor-
donniers, etc.. Cette convexité sacro-lombaire a pour effet de porter
le thorax trop en avant et en bas, de manière que, pour donner au
corps l'attitude la plus favorable pour les yeux et les mains, la colonne dorsale, la tête et le cou sont obligés de se mettre en extension, attitude qui, ainsi que je vous l'ai démontré, réveille l'énergie.

Tel est le mode de fonctionnement du rachis chez les gens dont
les courbures ne sont pas exagérées, ou chez ceux dont les courbures exagérées sont brusquement diminuées par la suspension avec
l'appareil de Sayre ou par d'autres procédés orthopédiques puissants.

Dans la station assise chez les cambrés, le fonctionnement du rachis présente les mêmes différences, mais plus prononcées que dans
la station debout ; l'ensellure lombaire diminue bien un peu, mais
pas assez pour que le fonctionnement diffère de celui de la station
debout ; et même la gêne des mouvements est plus grande chez
eux dans la station assise que dans l'attitude debout.

Les cambrés, ayant les courbures du rachis exagérées, marchent
plus vite que les personnes qui ont les courbures ordinaires ; sitôt
que les cambrés ont été soumis à la suspension par l'appareil de
Sayre, leur démarche devient, pendant quelques heures, plus lente,
plus ferme et plus assurée.

Le jeu des membres supérieurs est d'autant plus facile et d'autant
plus assuré que le rachis s'accommode mieux aux différentes positions des bras nécessitées par l'attitude et le travail des mains ; et,
dans les cas de courbures exagérées du rachis, celui-ci s'adapte mal
ou avec plus de difficulté à ces diverses positions des bras ; sitôt
après la suspension par l'appareil de Sayre, le rachis s'adapte facilement et, pour que l'accommodation du bras par rapport au rachis ou du rachis par rapport au bras soit parfaite, il faut que le bras
soit, dans la station debout aussi bien que dans la station assise, dans
une direction perpendiculaire ou parallèle à la corde de la courbure de la colonne dorsale ; vous savez qu'on appelle corde d'une
courbure la ligne droite qui réunit les deux extrémités de cette courbure et la sous-tend ; c'est-à-dire que, si nous menons par l'extrémité supérieure du bras une ligne parallèle à la corde de la courbure
de la colonne dorsale, il faut que le bras proprement dit se trouve
sur cette ligne ou lui soit perpendiculaire, soit que le bras se trouve porté en avant, en dehors, en arrière, ou qu'il soit élevé ou
abaissé ; cela se passe ainsi chez les personnes dont les courbures

vertébrales sont normales, ou après la suspension par l'appareil de Sayre, ou après d'autres moyens chez ceux qui ont les courbures un peu exagérées ; chez les cambrés, l'adaptation des bras et du rachis est difficile et imparfaite ; ainsi, par exemple, en écrivant, pour mettre les bras à peu près perpendiculaires au rachis, ils éloignent leur chaise du bord de la table, ce qui leur permet d'incliner fortement le rachis en avant et de le mettre (colonne dorsale) à peu près perpendiculairement au bras ; les cambrés aiment également les tables très hautes, comme les tables de dessin, parce qu'alors leurs bras se trouvent naturellement dans une position horizontale et perpendiculaire à la corde de la colonne dorsale.

Le mécanisme du décubitus diffère également d'une manière considérable selon le degré des courbures du rachis, avant et après les mouvements extenseurs ou la suspension par l'appareil de Sayre ; lorsque les courbures sont ordinaires, la tête et le tronc dans le décubitus latéral s'adaptent mieux au plan du matelas et au plan de l'oreiller, grâce à la torsion facile du tronc qui gradue, pour ainsi dire, la distance qui sépare le plan horizontal, passant par l'épaule qui appuie, du plan horizontal qui passerait par le rachis ; l'on fait varier cette distance en inclinant le tronc plus ou moins sur son axe transversal, selon la hauteur du traversin et de l'oreiller, de façon que la tête se trouve juste à la hauteur de l'oreiller ; dans l'ensellure lombaire, la torsion du tronc étant beaucoup plus limitée, la tête se trouve toujours ou trop haute ou trop basse, selon que l'oreiller est trop épais ou trop mince, trop dur ou trop mou ; la tête ainsi mal accommodée, le cambré éprouve au bout d'un certain temps une certaine fatigue dans le cou, aussi change-t-il souvent de côté dans le décubitus latéral, et cela très brusquement ; tandis qu'après les mouvements d'extension ou la suspension par l'appareil de Sayre, les courbures étant diminuées, le tronc peut mieux varier et graduer sa torsion, changer légèrement les points de pression sur le lit et rester très longtemps couché sur le même côté.

Dans le décubitus dorsal, les points d'appui du tronc sont limités aux fesses et aux épaules et à la partie supérieure du dos chez les cambrés ; la région lombaire n'appuie pas ; il en résulte que, dans cette attitude les épaules servant de point d'appui, la torsion du tronc devient tout à fait impossible, aussi est-ce par des mouvements d'ensemble et très brusques que le tronc se tourne à droite ou à gauche, et il n'y a aucune graduation pour adapter le tronc et la tête à une torsion donnée ; la tête est donc raide et fixe dans le décubitus dorsal et pour suppléer à cette gêne de la torsion, les yeux se tournent avec exagération dans le sens où la torsion du cou et de la colonne lombaire aurait dû les porter. Quand les courbures du rachis sont normales ou diminuées par l'appareil de Sayre (par exemple), les lombes appuient complètement, et la partie supérieure du dos et les épaules appuient, au contraire, très peu ; il en résulte alors une indépendance suffisante du thorax qui tourne facilement, ainsi que la tête, au degré de torsion voulue, et les épaules étant relativement libres, le jeu des bras devient aussi plus facile.

Au point de vue du coït, permettez-moi de passer sous silence les différences mécaniques qui existent, selon que les courbures rachidiennes sont normales ou que l'on est cambré, et de vous faire remarquer seulement que l'extension du bassin et la flexion des lombes étant moins faciles dans la cambrure, il en résulte, comme dans les mouvements du décubitus latéral et du décubitus dorsal, une légère brusquerie dans l'accomplissement de cet acte ; la suspension par l'appareil de Sayre a l'avantage de rendre au bassin la souplesse de ses mouvements, en même temps qu'il augmente, ainsi que nous l'ont appris le Dr Motchoukowski et le professeur Charcot, la virilité.

Des torsions. — Les torsions ou rotations servent à chaque instant comme les flexions et les extensions dans la plupart des attitudes professionnelles, scolaires, etc., à accommoder, et, si je puis m'exprimer ainsi, à mettre au point les yeux, les mains, etc. ; pour la vue, l'ouïe, l'odorat, le toucher, il y a une sorte d'accommodation par les leviers osseux *pour la direction* des organes des sens, ensuite l'accommodation proprement dite ou *accommodation pour l'intensité* ; l'œil a en plus un appareil accommodateur pour la distance.

Les torsions du rachis sont très limitées dans les cas d'exagération des courbures ; elles sont suppléées, chez les cambrés, par des mouvements de rotation qui se passent aux articulations coxo-fémorales et surtout aux articulations médio-tarsiennes, et par des mouvements de latéralité plus étendus des yeux.

Les grandes torsions dans la station debout se font normalement en trois temps ; c'est d'abord la rotation de la tête et du cou, ensuite des lombes et, enfin, il se produit une rotation des membres inférieurs sur les pieds, rotation qui se passe aux articulations médio-tarsiennes. Chez les cambrés, la rotation de la tête et du cou est très limitée, celle des lombes est à peu près nulle, mais la rotation sur les pieds est beaucoup plus prononcée ; par les mouvements orthopédiques ou par l'appareil de Sayre on diminue assez rapidement les courbures du rachis, et la torsion alors a lieu en trois temps.

Les torsions du rachis interviennent dans certaines expressions très intenses, comme la haine, le spasme vénérien, la douleur vive, le rire violent, d'où ces expressions : « se tordre de rire », « il y a de quoi se tordre » ; les rotations ou torsions augmentent la fixité de l'os ou des os qui représentent le côté de l'insertion fixe des muscles et, par suite, l'énergie de ces muscles se trouve augmentée. En 1888, j'ai eu l'honneur de vous démontrer, dans diverses communications, l'importance qu'il faut attacher à la fixité relative du bassin qui augmente avec son extension, et à la fixité des pieds par l'empreinte triangulaire de la table-banc du mobilier scolaire, fixité qui donne plus de vigueur et plus d'énergie au maintien ; dans certaines expressions énergiques, l'œil regarde de côté, et le nez et la bouche se tordent, augmentant ainsi l'énergie de l'expression de la face.

Le rôle de la torsion m'a été suggéré par le fait suivant : un jour, à une fête de village, j'avais remarqué qu'un petit saltimbanque qui jouait du tambour, tournait la tête et tordait le cou chaque fois qu'il jouait très vite ; j'en avais conclu que pendant les roulements rapides, ses membres supérieurs, obligés de dépenser beaucoup plus de force et de déployer une énergie considérable, avaient besoin d'une fixité plus grande du rachis, que la rotation de la tête et du cou lui donnaient.

Le bâillement avec étirement des bras est essentiellement un acte expansif, une extension violente de la tête, du cou et de la colonne dorsale, extension qui produit un sentiment de délassement et de vigueur parce qu'elle diminue les courbures du rachis ; quand on s'étire, l'on déploie une force considérable ; les bras sont perpendiculaires à la colonne dorsale, et la tête exécute une rotation considérable.

Messieurs, par les faits qui précèdent et que, pour ne pas abuser de votre attention, je me suis efforcé de condenser le plus possible, j'espère vous avoir convaincu que la diminution des courbures du rachis par les attitudes et mouvements d'extension et en particulier par l'appareil de Sayre, est la véritable cause de l'augmentation de l'énergie et de la coordination plus facile et plus énergique que l'on constate dans le fonctionnement de l'appareil locomoteur. J'espère vous avoir convaincu que le changement de direction des leviers et leur adaptation plus aisée aux mouvements du corps est la principale et peut-être l'unique cause des modifications que l'on constate dans la marche et dans les diverses attitudes, notamment après la suspension par l'appareil de Sayre.

« La gymnastique est l'éducation de l'attitude... elle nous enseigne la manière d'utiliser les forces musculaires dont on dispose(1), » et, comme « dans l'état actuel de l'éducation musculaire bien peu de personnes mettent en jeu pour se tenir debout les muscles et les jointures affectés à une attitude normale ... et que nous ne nous tenons pas bien naturellement, » (2) je ne saurais trop vous conseiller messieurs, les mouvements extensifs et particulièrement la suspension par la tête parce qu'elle est très efficace, d'une application facile et d'une durée très courte ; et je suis d'avis que l'appareil de Sayre fasse partie, dans nos écoles et dans nos lycées, du mobilier gymnastique ; c'est certainement le moyen le plus puissant d'augmenter la rectitude de la taille et de diminuer le léger degré de cyphose cervico-dorsale, cyphose méditative qui compense la cambrure ou lordose lombaire, si fréquente dans les races latines.

(1) Dr Nicolas, Attitudes de l'Homme, p. 99.
(2) Proust, Traité d'Hygiène.

J'aurais désiré vous dire encore quelques mots sur les rapports de l'énergie de la face avec la tension des téguments de la partie inférieure de la face dans l'extension du cou, et vous faire ressortir le rôle considérable, qui revient au nerf facial ainsi stimulé, par les branches qu'il envoie à l'appareil moteur de l'organe de l'audition, au voile du palais, à la langue, etc. Mais j'ai déjà peut-être abusé de votre attention et je préfère renvoyer ce sujet à une communication ultérieure.

Clermont (Oise). — Imprimerie DAIX frères.